서툰 노래

서툰 노래

초판 1쇄 인쇄 | 2022년 05월 25일
지은이 | 박요섭
펴낸이 | 이재욱(필명:이승훈)
펴낸곳 | 해드림출판사
주 소 | 서울 영등포구 경인로82길 3-4(문래동1가 39)
센터플러스빌딩 1004호(07371)
전 화 | 02-2612-5552
팩 스 | 02-2688-5568
E-mail | jlee5059@hanmail.net

등록번호 제2013-000076
등록일자 2008년 9월 29일

ISBN 979-11-5634-043-0

서툰 노래

박요섭 시집

해드림출판사

음치 박치 몸치인 소자小者가 부르는

서툰 노래가

누구에겐가 잠시 쉼이 되고

누구에겐가 작은 위안이 되었으면

참 좋겠습니다.

차 례

1부(bc)

2부(AD)

3부

부록 <동화>

1부(bc)

진달래

아지랑이 손짓에 오르는 언덕
가쁜 숨 몰아쉬며 깔딱고개 넘었다
하늘에서 내려온 선녀의 유혹
붉은 연정 품고 있는 여린 수줍음
연분홍 꽃구름이 나를 반긴다.

산사풍경山寺風景

구름은
창공에 다섯 줄 하얀 선線 긋고
바람에 실어 올려 음표를 새긴다
마흔일곱 줄 하프 스치는 실바람
산과 나무 시냇물 장엄 연주 시작하고
산새 풀벌레 불협화음 합창
가을 둥실 사바에 띄운다.

나뭇잎을 태우며

가파른 산등성
저녁노을도 남김이 없이
낮 밤이 숨 가쁘게 자리바꿈하면
오늘 하루를 태워야 하는 아궁이는 내 차지다

저녁 공양에 곁들여진
말려 불린 산나물과
양념 없는 김치 쪽은
미끈거리고 끈적한
속세 분진 털어내긴 안성맞춤이다.

저녁 공양과 예불 마친 속승들
각기 제자리를 찾고

낮은 염불 소리와 코 고는 소리가
골짝 타고 흐르는 시냇물 소리에 섞여
사바로의 긴 여정을 시작하면
난 옷깃 여미고
나무들의 다비식을 준비한다.

별들이 듬성듬성 빛 발하면
청설모가 떨어뜨린 마른 나뭇가지와
갈바람에 바짝 마른 나뭇잎을 위한 장송곡으로
무심무언경無心無言經을 마음으로 읊는다.

매캐한 연기
굴뚝 타고 내려와 산자락으로 흐르고
한때는 푸르렀을 서러운 불꽃
어둠에 갇힌 산모퉁이 돌아
空과 色이 하나임을 위로처럼 던지며 사그라질 때
다비식 뒤에 거둬야 할 사리는 어느새
하늘에 별이 되어 박혔다.

나만의 적멸보궁寂滅寶宮이
머리 위에 빛나고 있다.

무당벌레

바람이 그러더냐 갈대가 말하더냐
개울 건너 서낭당에 네 어미 춤춘다고
바라 잡고 소라 잡고 네 어미 춤춘다고

능라로 치장하고 연지곤지 덧바르고
오색 채대 매듭 묶어 허공에 내던지고

네 어미 닮았더냐 네 아비 닮았느냐
불어오는 갈바람에 단풍잎 날리는데
꽃잎을 닮았느냐 단풍잎 닮았느냐

힘겨워 굽은 등에 철 갑주 걸쳐 입고
붉은 띠 치장하고 오색투구 눌러 쓰고

바람이 바라 잡고 구름이 장구치고
여치 부는 날라리에 산새 소리 장단 맞춰
어미 모양 흉내 내어 굿판을 벌였느냐

야리야리 얼쑤얼쑤 에루화 얼쑤얼쑤
서러워 못 살겠네 기막혀 못 살겠네
한 맺힌 넋두리 너와 나 풀어볼까

풀어볼까 놀아볼까 놀아볼까 풀어볼까
노래하며 풀어볼까 춤추며 놀아볼까
너도 덩실 나도 덩실 신명나게 놀아볼까.

산사山寺에서

들창을 열면
문틀 타고 넘는 풀벌레 울음소리
성긴 별빛은 아직
어둠을 버틴다

강물은 멀리 있는가

엎드린 뱃속에서
시냇물이 흐른다.

버릴 것 없는 몸뚱이는 자꾸
마음만 비우라 비우라는데

그래, 비우자
모두 다 비우고 버리고

내 작은 방
별빛만 가득 채우려는데
심술궂은 그믐달이 빼곡
기웃거린다.

단풍 1

움트는 생명의 신비
귓가에 속삭이고

영원할 것 같은 푸름으로
나그네 쉬게 하고

알알이 결실 맺어
세상 풍요로 채우더니

찬바람에 내리는
무상함을 알았더냐.

풍진 세상 얽히고설킨 인연의 끈
한 가닥 남김없이 끊어 내느라

흐느낌 없는 핏빛 설움으로
그리 붉게 타느냐.

단풍 2

산에 불이 났소
산이 불타오르오

동네 사람 나오시오
모두 모두 나오시오

가래 들고 나오시오
괭이 들고 나오시오

산에 불이 났소
산이 불타오르오

물통 들고 나오시오
동이 들고 나오시오

산에 불이 났소
산이 불타오르오

끌끌 혀 차는 소리
돌아눕는 가랑잎

아낙도 떠나가고
강아지도 돌아가고

불붙어 타오르는 산
바라만 보고 있다.

가을 소묘(감나무)

푸른 하늘 붉게 맺힌 가을의 열매
어느새 무르익어 흘러내린다.
뜨거운 햇볕과 소나기 먹고
푸른 꿈을 키워서 맺어 놓았다

푸른 하늘 가득히 저녁놀 담아
후덕의 인심인 양 대롱대롱 매달려
늦가을의 정취를 세상에 전하다가
가을의 포만감에 익어 터져 버렸다

길 가다 우연히 들른 나그네처럼
포롱포롱 날아온 작은 참새들이
저녁놀 빛 속으로 달며 노닐다가
붉게 물든 가을을 콕콕 찍어 먹는다.

돌탑

억겁을 사나운 물길에 굴렀어도
모난 구석은 남아 있다
연마가 반드시 원만하게 하는 것만 아님을
돌에서 배운다

구르고 굴러 둥글게 변하고 깎이다
모래로 티끌로 변할 돌들이
억겁 세월 윤회 고리 풀지 못한 허기진 손
지극히 작은 소망 하나 품은 손끝에

들판에서 강가에서 계곡에서
생의 업장 풀어 똬리 튼 수건
지그시 눌러 머리에 이고
팔만 사천 세월 쌓아 놓았다

차마 꺾이지 않는 불같은 욕망
가파른 산길 올라 가쁜 숨 삭히며
산 중턱에서 바라보는 세상
내 것 네 것 분별없는데

무엇을 염念하며 내 돌을 놓을까.

아이야

보고 싶다 아이야

미처 풀어내지 못한 한이
가로막은 줄도 모르고
눈에 보이는 것만 탐하다
오랜 세월 같이할 정다움을 잃었구나

천 개의 해가 뜨고
천 천만의 별이 지고
은하수가 메말라 그리움이 되었구나

아이야

찾으려면 구천 세계 먼 길도 아니고
이승과 저승도 종이 한 겹 거리인데
같은 땅에 숨 쉬는 너와 나의 거리는
하늘에 빛나는 별보다 아득쿠나

아이야

너와 나 정상에 서리 내려
이생 살날 그리 많지 않은데
잠시의 혼돈으로 마음까지 거뒀느냐

아이야

이제 한세월 가면 언제 다시 만나리
몇 겁 실타래 풀어 다시 만나리.
옷깃 한번 스침도 팔 겁 인연이라는데
너와 나
몇만 겁의 인연으로 서로 마주 보았을까

이생에서 풀지 못한 한은 수레바퀴에 실려
몸과 마음 묶는 사슬이 된다는데
이미 흘러간 물은 돌아오지 않지만

아이야
우리 함께

흐르자 물길 따라
가보자 바람 따라
흐르고 흘러서 바다에서 만나자
구름 되어 만나자
비가 되어 만나자.

바닷가 풍경

붉은 노을 등지고 뭍을 향해 달리는 배
갈매기 몇 마리 좇다 날개깃 돌린다
굵어진 손마디 애써 외면하며
퀭한 눈 들어 보는 바다는 늘 푸르다

평생을 함께한 가시버시 선장 사공
품 떠난 자식들 건강히 잘 있는지
쉰 소리 내뿜으며 파도 타고 달리는 배
뱃전의 물보라가 사공 머리 적신다.

비어버린 바다는 건질 게 없는데
철없는 갈매기 먹이 달라 끼룩댄다
빈 마음 시린 가슴 거친 손 힐긋 보며
이물에 이는 파도 보며 헛기침 한 번 뱉는다

낡은 배는 통통대며 포구로 접어들고
만선 깃발 달던 때가 기억에 가물가물
텅 빈 어창魚艙은 푸른 물로 채우고
바라보는 눈길도 미안한 듯 피한다.

사랑한다면

사랑한다면 한 번쯤
가슴 저 밑에서 치밀어 오르는
절절한 서러움으로
허공을 껴안고 울어볼 일이다.

가슴을 텅 비워놓고
적막한 바람 부는 공간에 채울
너로 인해 오는 기쁨과
너로 인해 오는 슬픔과
너로 인해 오는 외로움 들을
감내할 수 있는지
저울질해 볼 일이다.

음습한 어둠 속에 웅크리고 앉은
영혼을 끌어내
밝은 태양 아래 내려놓고
슬픔의 부스러기들을
불의 세례로 정화할 일이다.

너를 사랑함으로
생각은 무의미하고
가진 것은 가치를 잃으며
내게 주어진 모든 것들이 빛을 잃으리.

단절의 외로움과 같이하는 즐거움
고독과 자유
버림과 얻음이 수평을 이루고
흐르는 물처럼 거침없고 맑아질 때
그때 난 너를 사랑하리라.

내가 너를 사랑하는 그 순간
난 너에게로 들어가
아무것도
아무 곳에도 없으므로…….

기다림

발끝에 차여
성엣발 부셔지는 소리

부엉이 낮은 울음으로 그렁거릴 때
댓가지에 걸린 바람은 걸음을 멈추었다

기다림은 언제나 설레지만
만나지 못한 아쉬움은 가슴앓이로 남는다

둥그렇게 몸 말고 자던 강아지
아득한 발걸음 소리에 뛰쳐나와
제자리 맴돌며 껑껑 짖어댈 때
반 뼘 미닫이 열고 내다보는 마음은
꼭 누구를 기다림도 아니다.

별빛만 있는 날엔
바람 소리에 귀 기울이고
휘영청 달 밝은 밤엔 창문에 어린
그림자가 자못 성가시다.

이른 새벽 서릿발에 찍힌 발자국
아침 햇살에 녹아들고
나무 꼭대기에 남아 있던 갈잎 몇 개가
팔랑 바람개비 되어 떨어질 때

하늘을 한가로이 떠가는 구름

오늘 밤

바리톤 수리부엉이 그릉대고
댓가지 그림자 영창에 어릴 때
놀라 깬 강아지가 껑껑 짖는 소리를
꼭 기다리는 것은 아니다.

무인도無人島

후미진 바닷가 바위 아래
날개 접은 갈매기

괭이 울음으로 밤을 뒤척이고
마른 갈잎은 바스락거림으로 으름장 놓는다.
별 없는 밤은 언제나 적막하지만
아직 지나지 않은 이 밤 시리게 외롭다.

누가 떠나라 하던가
벗어버린 홀가분함이 그리 가볍지만 않다.

넓고도 넓은 세상
아직 가고 보지 못한 세상 느낄 겨를 없이
봄인 듯 지나가는 여름과 가을
살아온 세월 언제나 삭풍 이는 겨울이었음을
섬에 와서야 비로소 알았다.

조심조심 찰싹이며 다가온 파도
목숨 끊은 처자의 흐느낌으로 변할 즈음
먹구름 사이 빼죽 내민 달빛이
그대 잘 있는지
안부를 묻는다.

별

광휘光輝의 세상에선
결코 드러내지 않고
은자隱者의 침묵으로 세월을 지켜내다
세상의 온갖 빛이 사라질 즈음에야
은근하고 서러운 빛을 뿜어내나니

별이여!

사람 사는 세상
온갖 조명으로
밤이 없는 시간들이
무던히도 오래 흘렀건만

그 밝음
어지러운 그림자만 흩뿌릴 뿐
심상 밝혀준 일 있던가.

빛은 언제부터인가
두려움이 되었나니
빛의 그늘로 숨어들던 날들이

그대나 나나 그리 낯선 일은 아니리

별이여!

큰 빛이 돌아오기 전
캄캄한 어둠 속

찰나刹那의 몇 연속으로
혼을 태우는 찬연燦然함으로
영혼의 길을 안내하는
지극히 오묘한 빛이여.

봄날의 어스름에

사철 너울 파도 이는 슬레이트 지붕
생의 앙금처럼 내려앉은 바랜 회색빛

비닐 창밖
낙숫물 소리는
어린 여자아이가 두드리는 실로폰 소리보다 더 맑다

살필 사이 없이 피었다 지는 꽃들
화려함 뒤로 아픈 영긂 찾아오고

푸르른 세상

하루는 너무 짧고
기다림은 영원처럼 흐르는데

어스름 저녁

소쩍새라도 울어주면
오늘 밤 그리
적막하지 않겠네.

2부(AD)

그대로 인하여

그대로 인하여
난 살아갈 이유를 찾았습니다

그대로 인하여
새들은 울음을 그치고
아름다운 노래를 부릅니다

그대로 인하여
꽃은 더욱 향기롭고
하늘의 별도 한층 더 반짝입니다

그대에게 내가
드릴 수 있는 건
상처로 찢긴 가슴뿐이지만…….

그대로 인하여
아직은 서툴지만
웃는 법을 배우고 있습니다.

소망

내년에 또 봄이 오면
청명 한식 즈음에
내 뜰에 작은
매화나무를 심겠소

집 앞으로 작은 시냇물이
졸졸 흐르는 곳
마른 갈대 사이
찔레 새순이 돋을 때
지난밤 봄비라도 촉촉이 내려주면 더 좋소

그날 내 뜰에
한그루 작은 매화나무를 심겠소.
냉이꽃 하얗게 피고
마른 가지 사이를 피룽피룽 나는 박새
그리움이 구름으로 피어나고
무시로 바람이 드나드는 곳

그곳에
내년에도 어김없이 봄이 또 오면.

눈 내리는 거리에서

눈 내리는 거리를 홀로 걷는다
세상은 흰빛으로 가득 차
더러움을 덮었다

눈 내리는 거리를 홀로 걷는다
세상은 순결한 축복으로
은혜로움에 싸인다

눈 내리는 거리를 홀로 걷는다
문득 그리운 그대가
발자국 되어 따라온다

눈 내리는 거리를 그대와 걷는다
그대와 내 마음이
꽃잎 되어 쌓인다.

겨울바람

장막을 치듯
도시를 덮은 눈雪

맑은 영혼의 가난한 선비는
그 빛으로 글을 읽었단다

그러나
한 번 줄 서본 적 없는
룸살롱 오색등에 놀아난
강남의 고관대작 자식에게
급제의 딱지를 도둑맞고

길쌈에 삯바느질로 등 굽은 어미
차마 볼 수 없어
천년 소나무 가지에
목을 비틀어 매고 죽은
빌어먹을 형설지공이여

얼어붙은 도시

소주 한 잔이면
솜이불같이 포근한 골판지

어제는
부처님 자비에 기대고
오늘은
주님의 은총에 목말라하며
칼바람 이는 불빛 아래로
발가벗고 길을 나선다.

첫 번째 성탄

내 어미의 복중에 있기 전
내 아비의 몸에 들기 전부터
계획하고 지으셨다기에 웃었더니

무소불위, 전지전능을 의심하여
무無의 진리를 탐하고
진화의 언저리를 헤매고 다니다

나자로여 일어나라!

그 이름을 부르지 않았다면
모든 주검이 무덤 밖으로 뛰쳐나와
아수라장이 되었을 거란 큰 믿음 앞에
눈 덮은 비늘이 단박에 벗겨지고

바라보는 첫 세상
참 아름답고 순결한 주님의 세상.

내 아버지의 운행하심은
천만분의 일도 빈틈이 없어

역사 이전에 말씀하였으되
처녀가 잉태하여 아들을 낳으리니
임마누엘이라.

불신과 방탕으로 망가지고
병들어 지친 몸을 끌고 돌아온 탕자를
버선발로 뛰어나와 맞아주시는
아버지, 내 아버지.

동정녀에게 나시고
죽은 자를 살리시고
사망을 이기고 주검에서 부활하신
내 아버지의 모든 행하심을 믿고

천지간에 유일하게 죄 없는 몸으로 오신
2012번째 날에
당신으로 인해 죄 없이 깨끗함 얻은
내 영혼으로 찬양의 번제를 드리오니
기쁘게 받으소서.

임진년을 보내며

한 때는
까닭 없이 교만하여
세상이 제 것인 양
세상 비웃고 다니다

어느 날 문득
하늘을 우러르니
천하에 못나고 부족한 자라

밝은 빛이 두려워
그늘로 어둠 속으로 다니다
넘어지고 웅덩이에 빠지길 몇 번인가

세상에서 가장 아프고
세상에서 가장 괴로운 인생인 줄 알고
슬프고 아림의 삶을 살았더니

날 지켜보며 나보다 더 아프게
더 슬프게 바라보는 눈길 있어
눈 돌려 바라보고

내미는 손 잡았더니
내 아버지의 손이라.

세상에서의 나는
가장 추하고
세상에서의 나의 삶은
가장 욕되며 가치 없는 목숨이나

내 아버지의 입김이
내 아버지의 사랑이
티끌만큼만
털끝만큼만 내게 더하시면
내 허물은 가려 보이지 않고
세상에서 보기에 아름다운 꽃이리니

내 아버지여
내 생을
당신의 은혜 안에 채우시어
공경과 영광을 나타내는
당신의 집 되게 하소서.

세배

어둡고 답답한 밤이 지나
새로운 세상과 새로운 하늘이 열리고
눈부시게 새로운 날이 오니
내가 맞이하는 첫 설날

사는 동안
본적도 느낀 적도 없는 광명의 세계가
내 안에 있었음은
내 아버지가 주신 새해 선물

별들도 잠든 깊은 밤
나의 작은 신음에 감응하시고
사랑 가득한 눈길로 어루만지시는
내 아버지의 사랑.

내일을 위하여 무엇을 염려하느냐
오늘 수고하고 지났으면 그뿐

매일 나를 위하여
내가 다닐 길 위의 구덩이를 메우고

작은 돌까지 말끔하게 치워
내가 넘어지지 않게 하시는 내 아버지

내 마음에 원이 생기기도 전에
나의 원함을 부족함 없이 채워
내 머리맡에 두었다고 다독이시는 손길

새해를 맞아
생애 처음 맞이하는 설날을 맞아
아버지가 주신 말씀으로 지은 색동옷 입고
아직 서툰 걸음으로 아버지께 나아가
사랑과 존경과 믿음으로
세배를 드리오니
어여삐 받으소서.

춘몽春夢

씨앗들이 땅 아래로 숨어들고
찬바람 피한 물고기가 얼음 아래 모일 때
그때 우리 사랑하자
여름내 달구어진 내 마음이
너를 포근하게 할 수 있게.

사나운 북풍이 눈꽃송이 날리고
추위가 세상 딛고 성엣발로 올라설 때
그때 우리 사랑하자
너로 인해 뜨거워진 마음이
너를 감싸 안을 수 있게.

휘몰아쳐 지나가는 비바람 속에 만나
단풍 고운 산길에서 석양의 바닷가에서
네 고운 노래로 가슴을 적셨으니
지금 내 생이 다한 들
한 점 아쉬움 있겠느냐.

삶은 유한하고 신의 뜻은 알 수 없으나
세상 다 살고 생을 작별하는 날
봄바람에 들풀이 수북이 자라고
들꽃들 지천으로 다투어 피어날 때
꿈길 속으로 다정히 손잡고 걸어가자.

질경이

별들이 서슬 퍼런
눈알을 부라리고
바람의 노성怒聲이
불같이 이는 곳

세상의 모멸과
멸시를 받아 내며
길가에 짓밟힌
수드라의 삶의 모습

태초에는 유일한 상속자로
천하를 어루만지다
교만의 우매함이
나락으로 이끌었구나

주인의 자리에서 쫓겨난
초라한 삶이여
빛깔 없는 꽃을 피우는
서러운 삶이여

그 누가 너를
애통해 하리
그 누가 너를
오래 기억하리.

오욕의 굴레 덮어쓰고
살았던 지난날들
너로 인해 알았노라
네가 나이고 내가 너임을.

사랑(가사)

주의 은혜로운 손길
나를 어루만지시네
기나긴 생의 여정
늘 함께 하시네

때론 길을 잃어
잠시 방황할지라도
늘 함께 하심에
돌아올 수 있었네

주의 사랑의 눈길
늘 내게 머무시네.
슬픔에 잠긴 내 영혼
늘 위로하시네

세상길 걸어가다
지치고 넘어질 때
자국 난 손 내밀어
나를 세워 주시네.

주님의 크신 사랑
나의 앞길 여시네.
내가 나아갈 길
밝히 보여 주시네

무서운 가시밭길
평탄하게 하시며
날 향해 팔 벌리며
환하게 웃으시네.

성탄의 은혜

천지만물을 창조하신 이가
세상 짐을 지러 오셨도다
하늘 위 하늘과 별 위의 별들이
무궁 찬란한 빛을 발하고
천천만의 천사가 찬송하는 도다

영광 위의 영광되시고
거룩 위에 거룩 되셨으니
인간의 몸을 쓰고 세상에 오신 이
눈먼 죄인들에게 외면당하고
구유에 여린 몸 눕히셨네

눈 들어 하늘을 보라
몸 굽혀 땅을 바라보아라
네가 하늘의 별보다 귀하냐
네가 땅을 기는 벌레보다 귀하냐
어찌 그가 나를 위해 오셨는고?

하나님이 세상을 이처럼 사랑하사
독생자를 주시기까지 사랑함이 무엇이뇨

아들이 고난받고 피 흘려 죽기까지
나를 위해 참아내고 참아내서
구원함이 무슨 까닭이냐

이 죄인을 어찌 그리 사랑하시는가
이미 죽어있는 나를 일으키시고
내 아들을 주고 너를 샀노라
내 아들의 피로 너를 살렸노라
이 무슨 얼토당토않은 사랑인가

찬송하리로다. 주의 이름으로 오시는 이여!
창세전부터 나를 택하시어 사랑하사
사망에서 건져 영원 삶을 주셨으니
천사들과 함께 나가 외치리로다
기쁘고 기쁘도다
구세주 오셨도다

아멘.

새해에는

새해에는 나를 더욱
사랑하게 하소서
나는 우주 안에서 미미한 존재가 아닌
하늘의 별보다 귀한 존재임을
알게 하소서

오직 한 분 내 아버지께서
창조 전부터 밑그림 그리신
그의 으뜸 사랑임을 알게 하소서
내가 그의 자랑임을 진정
깨달아 알게 하소서

한 해가 지나갈 때마다
최선을 다해 달리지 못한 아쉬움과 후회가
늘 남아 있습니다
내년에는, 내년에는, 다짐뿐이지만
스스로 매번 약속합니다

그리고 달력이 한 장 넘어가기도 전에
되풀이되는 같은 길을 걷고 있습니다.
주님의 큰 사랑 속에 살아온 한 해

오는 새해에도 그 사랑 안에
살게 하소서
눈길은 언제나 항상
주님 보게 하시고
발걸음은 언제나 항상
주를 향하게 하소서
귀 기울여 당신 음성 듣게 하소서

새해에는 당신과 나
하나 되게 하소서
당신과 결코 나눌 수 없는
한 몸이게 하소서.
당신 안에 어화둥둥 살게 하소서

매일매일 감사하며
매일매일 기뻐하며
매일매일 사랑하며
매일매일 기도하며
매일매일 찬송하며 살게 하소서.

아멘.

새해의 기도

시작과 끝이신 이여
무던히도 오래 참으시어
다시 또 새날을 맞습니다

하루가 천년 같고
천년이 하루 같으신 이
나의 님

넘치는 사랑을 주체하지 못하고
나를 불쌍히 여기시는 내 님
나를 안타까워하시는 내 님
나를 용서하시는 내 님
나를 사랑하시는 나의 님

우주의 비밀을
내 안에 감춰 놓으신 주님
영생에 이르는 유일한 길을
둘만 아는 언어로 비밀지도에 새기신
사랑의 하나님

지금 망망한 바닷가에서
낡고 연약한 작은 배에 올라
잃어버린 고향을 찾아가는 지극히 작은 자가
영원한 삶으로 이정을 세우고
당신을 향한 항해를 시작합니다.

지내온 나의 과오가 너무나 커
당신께 무릎 꿇을 자격이 없지만
당신은 사랑과 자비의 신이시니
몽매한 나의 앞길을
큰 사랑으로 인도하소서

죄 중의 죄요 악 중의 악인 나를
위대한 용서로 사면하시어
당신을 영광되게 하시고
당신의 존재를 만방에
드러내게 하소서.

나를 다스리시는 이시어!
엎드려 부탁드리노니 다시는

나로 인하여 아픈 사람 없게 하시고
나로 인하여 슬픈 사람 없게 하시고
나로 인하여 억울한 사람 없게 하소서

긍휼히 여기심과
큰 사랑으로 축복하사
기쁨과 사랑과 평온을 나르는
전달자가 되게 하소서
당신의 나라에 더불어
살게 하소서

아멘.

봄꿈春夢

어둠을 밝혀주는 한줄기 빛처럼
알 속에 갇힌 내 우주를 헤집고
빛의 목소리로 가슴의 깃털로
그대는 나를 품어 깨워 일으켰다

춥고 어두운 그늘진 세상에서
출발의 총성 한번 듣지 못하고
흔적도 없이 지워질 내 운명에
그대는 생명의 끈을 던져주었다

세상은 갑갑하고 어둡고 무섭고
세상은 외롭고 슬프고 공허하여
단 한 번의 기회도 얻지 못한 삶은
그대로 인해 소망의 돛을 달았다

어쩌면 이미 늦어버린 건 아닌지
앞선 주자들은 이미 보이지 않고
창파만 가득한 드넓고 거친 바다
그대의 입김만 가득 돛에 담는다.

내 앞은 어둡고 거칠고 망망한 바다
그러나 그대로 이정표를 삼으니
산들바람 맑은 샘 푸른 들 날갯짓
솔바람 양지녘 봄볕 노란 꾸벅임.

별리別離

까닭 없이
가슴이 먹먹하다

설레는 사춘기도 아니고
열정에 혼을 태우는 젊음도 아니고
서산에 걸린 석양을 보며
흐트러짐의 의미를 겨우 알건만

내 영혼
잠시의 이별을 못내 견디지 못하는구나

돌고 도는 수레바퀴가 준비된 것도 아닌
돌이킬 수 없는 외길 여행길
열 손가락을 바꾸는 맹세가
무슨 소용이랴

아침 햇살에 스러지는
이슬방울에 내가 실려 있음을
이미 알고 있지 않았던가.

사랑이여 부디
내 옆에 머물러 있으라.
내 마지막 숨이 끊어지는 그 순간
내 의지 되신 그분께
그대를 향한 내 축복의 말을
다 할 수 있도록.

사랑

사람의 정은 끊어짐이 있거니와
주의 사랑은 영원하시며 변치 않으시니
주의 이름을 찬송하리로다

사람의 사랑은 모함이 있으나
주의 사랑은 정의가 있어 바르시니
주의 이름을 찬송하리로다

사람의 사랑은 슬픈 눈물이 있으나
주의 사랑은 한결같은 위로가 되시니
주의 이름을 찬송하리로다

사람의 사랑은 때론 원망이 되나
주의 사랑은 한없는 소망을 주시니
주의 이름을 찬송하리로다.

그 사랑

내 주는 자비하셔서
창세전부터 이 시간을 택하시고
나의 울음이 밖으로 새어나가지 않게 하시며
부끄럽지 않게 하셨나이다

내 주는 자비하셔서
사랑으로 감추어진 것들
모두 드러내게 하사
내 안의 찌꺼기들을 모두
제거하셨나이다

내 주는 자비 하셔서
억울한 마음에 위로를 주시며
눈물의 기도를 들으시고
당신의 사랑으로
원한을 풀어주셨습니다

그러므로 나는
원망하지 않습니다

그러므로 나는
미움이 없습니다

그러므로 나는
더욱 사랑할 수 있습니다.

성탄 일기

빛과 어둠을 가르시고
별들을 허공에 달아매시며
모래로 파도의 경계를 정하시고
하늘들을 두루마리처럼 펴신 이

그를 모르는 것이 죄이고
그를 떠남이 죽음인 것을 잊어버리는
자신을 지음하신 이와 단절된
죽음의 길로 허우적 걸어가는 군상들

처음 사랑 아담을
절대 버리실 수 없는 사랑의 하나님
창조주가 피조물의 너울 쓰고 죄가 되어
그 삶에 함께하신 하나님

사람의 죄로 죽어버린 세상
아들의 피밖에 살릴 길이 없어
아린 십자가의 길을 택하신
나의 주인 하나님

그가 아들을 보내심 보다
더 큰 복음이 어디 있느냐
그가 세상에 오심보다
더 큰 환희의 소식이 있느냐.

죽은 세상을 살리러 오셨으나
주인을 알아보지 못한 세상
이 넓은 땅에 그 작은 몸 누울 데 없어
차고 눅눅한 구유에 누우셨구나.

그러나 그의 고난, 인생은 찬양할 일
그 고귀한 목숨값으로 나를 사서
그의 피로 말갛게 씻기시어
하나님께 예물로 드리셨으니

그러므로 나는 세상에 속한 자가 아니요
하나님의 소유라
그가 다시 살아나심으로 증거를 삼으니
이는 돌이킬 수 없는 증표라

사람의 눈이 주의 구원을 보았으니
이는 만세전에 예비하신 것이요
세상을 비추는 빛이요
하늘의 영광을 나타냄이라

나의 대속자는 영영히 살아 계시니
마침내 어느 날 그가 땅 위에 서실 것이며
그날, 매미가 껍질을 벗듯 새로 태어나
내 눈으로 주를 보리라.

봄의 이별

창밖 개나리 아직 봉오리 품고 있고
양지바른 담장 밑 냉이꽃이 피었다
가슴에 시린 겨울 아직 작별 못 한 채
내 님 길 찾아 하늘 건너 날아가네

날과 때는 흘러가고 다가오고 또 가지만
춘풍에 일렁이는 초승달이 애달프다
오늘의 헤어짐은 내일의 만남이나
지금 텅 빈 가슴은 메울 길이 없구나

옷깃을 파고드는 봄에서 부는 바람
옅은 초승 달빛 노란 꽃에 내리고
그리움 듬뿍 담아 별빛에 쓴 서신 한 장
춘풍에 둥실 띄워 그대에게 보낸다.

오늘 내린 눈

누가 하늘의 일을 알겠는가
바람은 항상 불어오는 곳에서가 아니고
파도는 그 시작점을 알 수 없나니
사람의 시종은 더욱 그러하리라

나는 그에게서 나서
그에게로 돌아가는 것
사람이 힘 기울여 알려고 노력한들
어찌 알 수 있으랴

산책로의 산수유는 유방을 부풀려
금방 뽀얀 젖을 토할 것 같은데
느닷없이 돌아온 겨울 끝자락
오지게도 함박눈을 펑펑 쏟았다

세상은 모나지 않고 둥글어
어느 한 곳으로 치우침 없이
한 사람은 만나 즐겁고
한 사람은 헤어져 아쉽다

오늘 내리는 눈
어느 한 사람의 행복한 꽃잎
머리에 하얗게 쌓인 눈
녹아내리는 영롱한 눈물.

추억

아득한 어린 시절
어른들이 보리타작으로 분주할 때
양지바른 돌담 밑
넌 각시가 되고……

누른 보리밭 옆 탱자나무 울타리
한여름이 지나면 다시는 짖지 않을
누렁이가 처음으로 컹컹 짖던 날
순이는 제집의 망을 보아주었다

아직 보리서리 검댕이 남아 있는
꼬망한 손에 살구가 쌓이고
바람은 노래가 되고
이야기들은 추억으로 쌓였다

한참의 세월이 흐른 후에야
너를 끄집어내 기억하누나
내 어린 유년 시절
너의 이야기로 가득 찼구나

왜 너를 까마득히 잊고 살았을까
무엇을 위해 살았던가
기억 속에 머물게 하지 못한
잡을 수 없는 아쉬운 시간들.

딱지

아주 오랜 옛날
다 쓴 공책과
담뱃갑과 신문지로
난 내 꿈을 접었다

오랜 기억을 더듬어 만든 딱지
그 종이 사이에 흐르던 정을
오늘 난 모두 내다 버렸다
내 유년의 꿈을 버렸다

딱지를 가슴에 안으면 나는
어린아이였다
그 어린아이를 버리고 오늘 난
어른이 되었다

어른이 되고 보니
참 슬프다.

오늘 내리는 비

오늘과 내일을 가름하는 시간
비가 내린다
차라리 원망과도 같은 기다림
수많은 생명을 품고 키워내야 할 대지는
먼지만 풀풀 날렸었지

어느 고운님은
간절한 염원을 담아
경건한 기우제를 올리고
속 타는 농부는 하늘을 향해
애꿎은 삿대질도 했었지

태풍이 밀어붙인 한 이틀
때 이른 숨 막히는 더위
물길이 끊어진 메마른 산하
그래도 뿌리 깊이 내린 잡초는
눈앞에 늘 무성하더라

그리도 각박하게
사람의 마음을 졸이더니

때가 지나가기 전 어김없이
철 따라 내리는 비와 이슬은
사랑밖에 없는 어버이의 선물

오만해 무뎌진 사람의 마음에
비는 그렇게 적셔오나 보다
먼지 풀풀 날리는 메마른 마음에
씨앗을 불려 싹 틔우는
기다림을 가르쳐주나 보다

하루는 어제가 되고
또 하루는 내일이 되는 분깃 점
그날 그 시간 기어이 비는 내린다
먼지만 풀풀 이는 가슴을
촉촉이 적시라고.

친구야

친구야
지금 하늘엔 번개가 번쩍이고
뇌성이 이는구나
그리고 메마른 가슴 적시는
세찬 비가 내린단다

친구야
어둠이 점령한 하늘은 마치
나의 삶 같구나
빛이 차단된 나의
지난 인생 같구나

친구야
하늘은 나를 천둥으로 꾸짖으며
세찬 빗줄기로 씻는구나
내 거짓의 가죽들을
아프게도 벗겨내는구나

친구야
바람은 나를 허공에 띄우는구나
내 묵은 곰팡이를 탈탈 털어내고
날리는 나뭇잎에 얹어
바람에 둥실 띄워 날리는구나

친구야
아픈 나의 친구야
바람에 날려가는 날 보렴
번갯불 섬광에 날려가는 날 보렴
난 어느새 날리는 깃털이 되었단다.

3부

못된 습관

한낮의 무더위와 힘든 노동으로
몸은 가라앉아 심연을 헤매는데
휴식의 시간을 잃어버린 내 안의 다른 삶
아우성치며 일어나 나를 흔든다

단단한 뼈에 싸여 휴식을 취한 뇌는
잠들기 위한 보조수단이 무엇인지
절대 잊어버리는 법 없이
기어코 그동안의 습관을 불러오고야 만다

한때 신의 뛰어난 걸작 중
여자와 꽃 순을 매기던 액체가
지옥의 끈처럼 나풀거리며 덩굴손을 내밀 때
항복하지 않은 외고집이 더 무섭다.

그래 이 밤은 그냥 습관처럼 보내고
내일은 분명 다른 해를 볼 거야
다짐하는 소원은 늘 허망해도
바람이 있다는 것은 얼마나 좋은 것인가

설령 늦게라도 찾아올 잠의 기운이
아침을 맞지 못하게 할지라도
우연처럼 보이는 생명의 필연으로
나를 찾는 시간이 있을 줄로 안다.

국화주를 마시며

힘겨웠던 여름 이글거리는 뜨거움
모두 녹여 노란 꽃잎에 품고
황금인들 이보다 더 빛나더냐
찬란히 빛나는 보석으로 피었다

나무들은 간단없이 시간을 털어내고
바람 불어올 때마다 이별하지만
맑고 푸른 하늘빛에 더욱 고와라
푸른 솔잎과 견주어 나란히 섰네

울긋불긋 색색으로 곱던 나뭇잎
소용돌이 바람에 날리어 떠나고
이슬이 얼어 찬 서리로 솟을 때
황금빛 향기를 세상에 퍼뜨린다

돌아보니 어느덧 한 해가 갔구나
사랑은 철새 되어 남으로 날아가고
홀로 남겨진 낯선 고도에
외로움이 징그럽게 따라 다닌다

오늘 일기예보에 눈이 온다지
아직 잠들지 못하는 한겨울의 새벽
스쳐간 세월이여 흘려보낸 사랑이여
우리 작별을 위하여 잔을 드세나.

달력

움직일 것 같지 않던 시간은
절대 멈칫거림이 없다

우뚝 서 멈춰버린
시린 여름과 삭막한 가을
나의 빈들에는 아무것도
남아있지 않았다

한겨울 폭설이 내려 쌓여
가슴에 남은 흉터를 덮어 주었으면
소망 아닌 낮은 툴툴거림으로
허허로이 돌아설 때

그래도 살아내야 하는 남은 시간
아! 한 해가 갔구나
지나간 어두운 그림자는
바람이 쓸어가겠지

내일도 해가 뜰까
다시 아침이 올까
지나간 아린 한 해를 떼어내고
콘크리트 못에 새해를 걸었다.

봄

산모퉁이 돌아 마른 풀잎 스치며
봄이 오는 소리

땅 밑을 적시며 흐르는
작은 물줄기 소리

구름을 밀며 달리는
봄바람 소리

봄은 내게 달려들어
두껍게 껴입은 마음의 외투를
훌훌 벗겨내었다

산책길에서
산모퉁이에서 시장에서
봄을
성긴 바구니에 가득 담아
찰싹거리는 바다에 풀어놓았다

봄이 썰물 따라 흘러 퍼져간다
성긴 바구니에서 새어 나온 봄도
바람에 밀려 모퉁이를 돌아 넘는다

세상 구석구석 사람 사는 마을마다
시린 마음들을 벗겨내며
물결 따라 바람 따라 흘러간다
아지랑이 따라 퍼져간다.

여름 나기

턱밑까지 차오르는 숨
등골에 작은 시내가 생겼다
작열하는 태양
고온다습 한 여름의 더위는
자칫 이것이 지옥인가 한다

물통을 빨대처럼 입에 꽂아도
수분 공급은 그때뿐
돌아서면 목마르다
자외선, 불쾌지수는 우이독경
그만 놓아버릴까

눈빛이 풀어져 몽롱해지고
소금기 가득한 눈이 쓰리다
내 체온은 몇 도나 될까
몸 안의 수분이 다 빠져나가기 전
정제염 두 알 입에 털어 넣었다

병아리처럼 꼬르륵
목구멍 울리며 바라보는 하늘

야 뭉게구름이다
어쩌면 저리
말을 잊었다

언제 어디 어느 환경에서나
간단없이 드러내는
참 아름다운 그분
기대된다 이 여름의 끝
무슨 선물을 준비하고 계실까

가을맞이

용광로처럼 닳아 오른 세상
사람들이
한 조각남은 예의마저 벗어던질 즈음
붉은 벽돌담 틈에서
귀뚜리의 노래가 들렸다

달마저 붉게 물들고
바닷물이 끓어올라
동해안의 어느 휴양지는 통째로
매운탕이 되었단다

어느 육상 경기장에 모인 시선처럼
매일 기온이 기록 경신하듯 오르다
섭씨 39도를 넘어
지옥의 풍경을 연출하는 듯하다

거리는 숨죽이고
그 많은 사람은 어디로 갔나
산과 계곡은 사람들의 오물로 넘쳐나고
길은 녹아 흘러내렸다.

고즈넉한 저녁
저 벽돌 담 밑 귀뚜리는
오는 가을을 미리 노래하고 있다
쓰르르
쓰르르

향수

오랫동안 마치
없었던 것처럼 잊고 살았다

어릴 적 그 추억
그 아득한 시절
겨울이면 왜 그리 눈이 많이 내렸는지

작은 비탈길은
깃털 타고 나는 꿈길이 되고
모양 하나같지 않은 썰매는
잘도 미끄러져
뒤엉켜 나뒹굴던 그 산골 마을

지금도 겨울이면 그때처럼
눈이 내리려나

이젠 시려진 무릎
썰매도 타지 못하겠네.
잊고 살았던
내 아부지 울 엄니 묻힌 그곳

가을이면 떫은 산감이 주렁주렁 열리고
찬바람 불어 잎이 모두 진 뒤에야
바람난 까치가 부리를 쪼는
해질녘이면
두려움이 부끄러움처럼 내리는 곳
내 어린 시절 그곳

아직은 남았다고 생각했는데
생의 마지막에 돌아봄인가
잃어버린 시간
잃어버린 세월
기어이는 찾을 수 없겠네

언제 별을 보았던가.
언제 달을 보았던가.
무리 지어 지나가는 구름을
언제 보았던가

너무 늦은 건 아닐까?
어슴푸레 기억 더듬어 아득한 곳
돌아가야 할 그날이…….

가을 노래

말라비틀어진 가슴
봄은 이미 잊은 지 오래다.
가끔 뇌성을 동반한
비바람이 치지만
풍파에 짓이겨진 싹눈은
넋을 놓았다.

이제 언제
사랑을 맞을거나
봄날의 푸근한
잉태를 볼거나
그리고 담담히 떠나는
너를 볼거나.

한겨울에도 무던히
한자리를 지킬 것 같더니
스산하게 부는 가을바람에
무너지고 말았다.
아직 먼 봄은 기약할 바도 없는데
아! 떠도는 내 맘 어디에 둥지를 틀까

갈대의 노래와
길 떠나지 못한 지빠귀의 노래가
후둑후둑 갈 열매가 떨어지는 숲을
이별인 양 읊을 때면
나 또한 떨어져
흙으로 돌아가리.

어느 아이의 손에 주물려
태고의 마음으로 돌아갈 때까지.

우수에 내리는 눈

하늘은 회색빛
나무들은 흰옷을 덧입고
봄 오는 길목에 서성인다

한 치 어김없는 계절의 순환에
부풀어 오른 꽃망울
굳은 땅을 뚫고 솟아오르는 새싹들
잠시 가쁜 숨 내려놓고
다시 솟구쳐 오를 맥동을 준비한다

도관은 바삐 물을 길어 올리고
앙상히 마른 듯 보이는 껍질도
수액으로 탱탱한 윤기를 머금었다

지금 내리는 눈
우수에 내리는 눈
겨울 이별이 아쉬운가

산과 나무가 하얗다.
들과 거리가 하얗다.

저만치 앞서 걷는 그대의 머리에
나풀나풀 하얗게 내리는
우수에 내리는 눈

이별을 준비하는
맑은 슬픔이다.

보리밭

남녘 산 귀퉁이 모서리 그곳
나만 남겨두고 멀리 도망가는 동무들
헐은 운동화 밑창에 달라붙는 끈적함
청보리 움쑥 올라오는 그곳

솔바람이야 항상 불고
홑겹의 가난은 감출 길 없는데
베잠방이 사이로 빠져나가는 바람
춥지만 시리지는 않았다

주린 배는 살강에 얹어둔 보리밥 생각
어느 마님은 석청과 송화로 다식을 빚지만
울 엄니의 냉이 달래 쑥 모아 보리 한 줌 넣고 끓인
보리죽 한 사발에 봄이 녹아 흘렀다

지금은 그냥 지나 간 추억이야
아득한 기억 더듬어 되돌려 보지만
이웃집 돌쇠 순이와 함께 밟던 청보리밭
내 맘엔 아릿한 그리움이다

그날 그 기억
살짝 서럽고 그립고 아득한 것
어렴풋이 내 사랑하던 모든 것에 대한 기억

언제 어느 날
지친 걸음으로나마
되짚어 가볼거나.

환절기

가을
가을이 간다

끝내 불태우지 못한 정념
단풍으로
낙엽으로
바람에 굴러 태고로 돌아가고

서리 맞은 국화
오르는 햇살에 향기를 퍼뜨릴 때

커다란 포근함을
하얀 차가움 한 겹으로 두른

겨울이
내게 오고 있다.

부록 〈동화〉

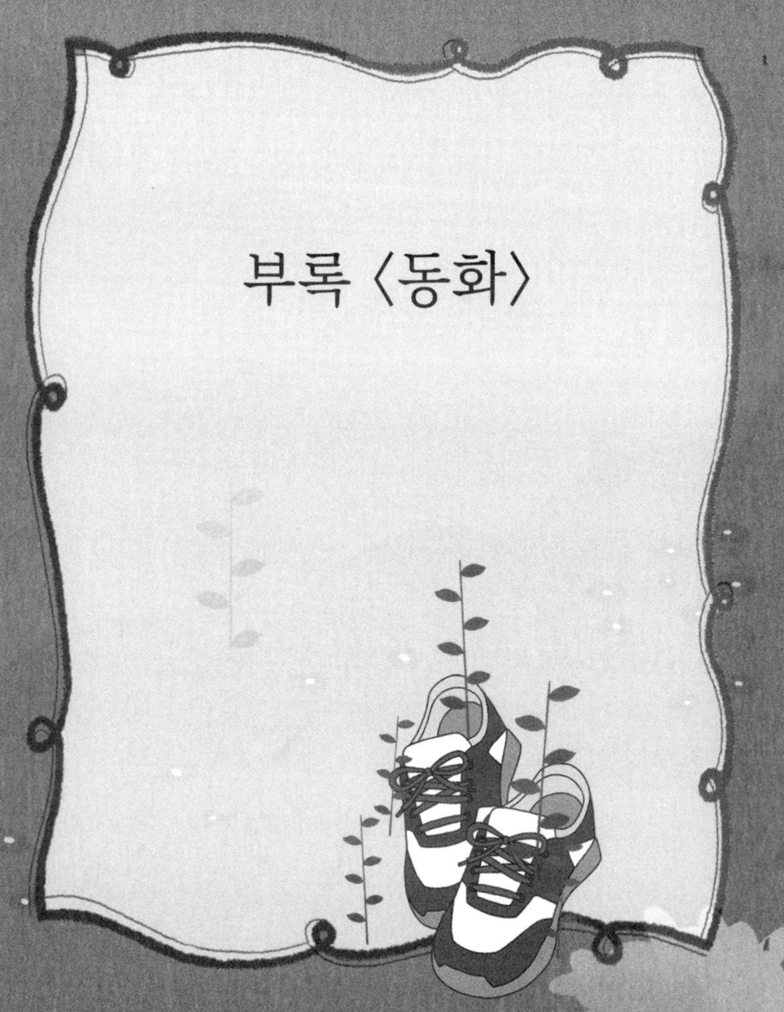

훈이의 운동화

아빠가 새 운동화를 사 오셨습니다.
훈이는 아빠가 사 온 운동화를 신고 골목을 뛰어보았습니다.
'야 되게 빠르다.'
훈이는 친구들에게 자랑하고 싶어졌습니다.
"야! 이거 우리 아빠가 산 운동환데 되게 빠르다?"
친구들이 훈이 주위로 모여들었습니다.
"정말?"
친구 철이가 말했습니다.
"같이 달려볼래?"
훈이가 말했습니다.
훈이는 친구들이 보는 앞에서 철이와 달리기 시합을

하기로 했습니다.

시합은 문방구에서 구멍가게 앞에 있는 전봇대를 돌아오기로 했습니다.

훈이는 철이와 나란히 섰습니다.

"시이작. 땅!"

다른 친구가 출발을 알렸습니다.

훈이는 힘차게 달렸습니다.

철이도 힘차게 달렸습니다.

"골~인."

훈이가 이겼습니다.

"진짜 빠르지?"

훈이는 가쁜 숨을 몰아쉬며 자랑스럽게 말했습니다.

"진짜 빠르다. 나도 울 아빠한테 빠른 운동화 사 달래야지."

철이는 집으로 달려갔습니다.

아이들도 모두 집으로 돌아갔습니다.

훈이는 동네 형들에게 자랑하고 싶어져서 형들이 노는 곳으로 갔습니다.

"형아야! 이 운동화 되게 빠르다?"

형들이 훈이를 보며 쿡쿡 웃었습니다.

"야! 바보야! 빠른 운동화가 어딨냐?"

"조거 바보 아냐?"

한 형이 이 사이로 침을 찍 뱉으며 훈이 머리를 콩 하고 쥐어박았습니다.

"아가야? 저리 가서 놀아라!"

훈이는 이해할 수 없었습니다.

'정말 빠른데.'

훈이는 집으로 가 아빠를 찾았습니다.

"아빠! 이 운동화 정말 빠르지? 그치? "

아빠는 빙그레 웃으시면서 훈이를 번쩍 들어 가슴에 꼭 안아주었습니다.